Eastern Fro I

In early 2001 we launched the CAMOUFLAGE & DECALS series. Although the first book in the series was an instant hit, we were forced to abandon the series due to technological issues with decals production. Over the years we released a number of books with decals sets, while the CAMOUFLAGE & DECALS series was patiently waiting for its turn.

Well, the time has come to revive the series. Encouraged by mail from our Readers and queries from hobby shops all over the world, we decided to revisit the idea from twenty years ago. We are launching no fewer than three new books in the series, filled with artwork commissioned from well-established and respected authors, with whom we have had a pleasure to cooperate over the years. Featured artists include Jacek Pasieczny, Janusz Światłoń, Sławomir Zajączkowski, Arkadiusz Wróbel and Mariusz J. Dziedzic.

Future books in the series will feature vehicles and aircraft in camouflage representative for a particular period and battlefield. Each book will come with a free set of decals corresponding to the main theme of the book.

The first five books in the series will feature color plates published over the years in Kagero books and magazines. At the time of writing the work continues on follow-on CAMOUFLAGE & DECALS books which will feature new, previously unpublished material.

Kagero Publishing Team

Na początku 2001 roku stworzyliśmy serię książek z kalkomanią pod nazwą CAMOUFLAGE & DECALS. Mimo dużego powodzenia pierwszej książki w tej serii z powodów technologicznych, związanych z produkcją kalkomanii, seria nie była przez nas kontynuowana. W kolejnych latach wydawaliśmy inne publikacje z kalkomanią, a seria CAMOUFLAGE & DECALS czekała na swój czas.

Ten czas właśnie nadszedł. Po wielu listach od naszych Czytelników i zapytaniach ze strony sklepów modelarskich z całego świata, postanowiliśmy wrócić do pomysłu sprzed dwudziestu lat. W jednym czasie ukazują się trzy tomiki serii, które wypełniliśmy ilustracjami znanych i cenionych autorów, z którymi mieliśmy przyjemność współpracować. Wśród nich są ilustracje: Jacka Pasiecznego, Janusza Światłonia, Sławomira Zajączkowskiego, Arkadiusza Wróbla i Mariusza J. Dziedzica.

Każdy tomik serii będzie prezentował wybrane sylwetki pojazdów i samolotów reprezentujących kamuflaż z wybranego okresu i frontu. W tomiku Czytelnik znajdzie arkusz kalkomanii jako bezpłatny dodatek do książki. Zawartość kalkomanii będzie się zmieniała w zależności od tematyki poruszanej w danym tomiku.

Pierwsze pięć tomików wypełniają sylwetki barwne publikowane przed laty w naszych książkach i magazynach. Trwają prace nad kolejnymi tomikami, w których znajdziecie ilustracje jeszcze nie publikowane.

Zespół Kagero Publishing

Color palette used in camouflage of the German Panzerwaffe between 1933 and 1945/Tabela barw niemieckiej Panzerwaffe 1933-1945

No/Lp	Original designation/ Nazwa oryginalna	Color/Kolor	FS 595b	Humbrol	Gunze	Pactra	Testors	Xtracolor	Tamiya
01	Grau (Panzer Grau) RAL 7027	dark gray/ciemnoszary	36118	125	H305	A37	1723	X130	XF-24
02	Afrika Korps Gelb (Gelb Braun) RAL 8000	African yellow-brown/ żółtobrązowy	33275	26	H81				XF-49
03	Grau RAL 7008	gray-green/zielonoszary	34227	120	H312		1716	X148	
04	Gelb Brun RAL 8020	dark yellow-brown/ ciemny żółtobrązowy	30257	94					XF-59
05	Wehrmacht Olive	mid-stone/ciemnożółty	33275	84	H71			X9	XF-60
06	Olive Grün RAL 8002	olive-green/ oliwkowozielony	34151	151	H58	A35	1715	X117	
07	Brun RAL 8017	brown/brązowy	30117	186		A22	1701		
08	Olive Grün RAL 8003	dark green/ciemnozielony	34102	117	H303	A33	1713	X116	XF-61
09	Brun RAL 8012	brown/brązowy	30109	160	H47	A103			XF-64
10	Schwarz	black/czarny	37038	33	H343	A46	1749	X12	XF-1
11	Weiss	white/biały	37875	34	H11	A47	1768	X405	XF-2
12	Gelb	yellow/żółty	33538	154	H313	A27	1708	X108	XF-3
13	Rot	red/czerwony	31136	60	H327		1705	X102	XF-7
14	Elfenbein	ivory/kość słoniowa	37722	41	H21		2013		

Camouflage & Decals 01 – Eastern Front Vol. I
First edition / Wydanie pierwsze • LUBLIN 2020 • ISBN 978-83-66673-20-5

Series editor / Redakcja: **Damian Majsak** • Color profiles / Plansze barwne: **Tomasz Idzikowski, Jacek Pasieczny, Arkadiusz Wróbel, Sławomir Zajączkowski** • Cover artwork / Ilustracja okładki: **Arkadiusz Wróbel** • Development of camouflage color tables / Opracowanie tabel barw kamuflażu: **Mariusz Łukasik** • Design / Skład: **KAGERO STUDIO**

Distribution / Dystrybucja: Kagero Publishing • www.kagero.eu, shop.kagero.pl • e-mail: kagero@kagero.pl, marketing@kagero.pl
Editorial Office, Marketing / Redakcja, Marketing: Kagero Publishing, ul. Akacjowa 100, os. Borek, Turka, 20-258 Lublin 62, Poland, phone/fax +48 81 501 21 05

Painted by / Malował:
Arkadiusz Wróbel

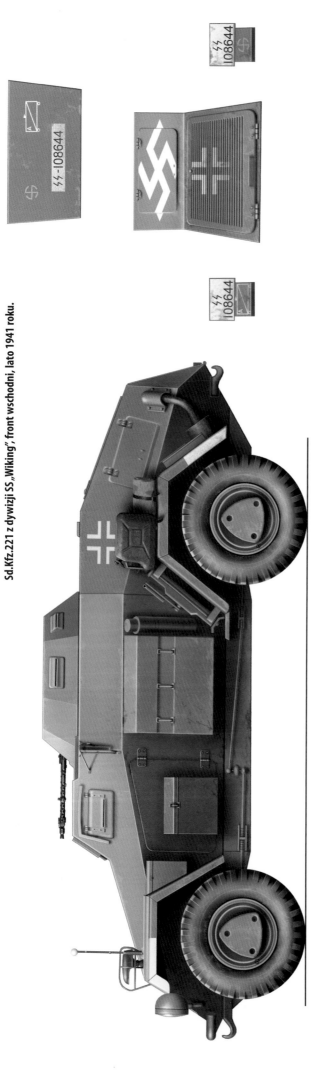

Sd.Kfz.221 of SS Division 'Wiking', Eastern Front, summer 1941.

Sd.Kfz.221 z dywizji SS „Wiking", front wschodni, lato 1941 roku.

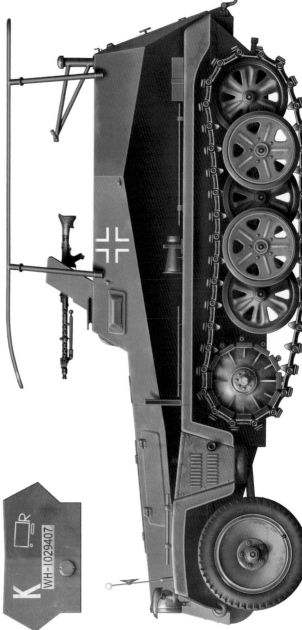

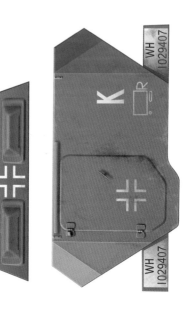

Sd.Kfz.250/3 of 10th Panzer Division, Panzer Group 1, Eastern Front, September 1941.

Transporter opancerzony dowodzenia Sd.Kfz.250/3 z 10. dywizji pancernej 1. grupy pancernej, front wschodni, wrzesień 1941 roku.

Painted by / Malował:
Sławomir Zajączkowski

Pz.Kpfw. III Ausf. J "100" from 1./Pz.Abt.18, most likely from the time of fighting near Vielikiye Luki in the winter of 1942-1943.

Pz.Kpfw. III Ausf. J o nr. taktycznym 100 z 1./Pz.Abt.18, najprawdopodobniej z okresu walk w rejonie Wielkich Łuków w zimie 1942–1943.

Pz.Kpfw. III Ausf. N "R14" from staff of Pz.Rgt.25 from 7th Panzer Division, Battle of Kursk, Russia, July 1943.

Pz.Kpfw. III Ausf. N o nr. taktycznym R14 ze sztabu Pz.Rgt.25 należącego do 7. Dywizji Pancernej, bitwa na łuku kurskim, Rosja, lipiec 1943 roku.

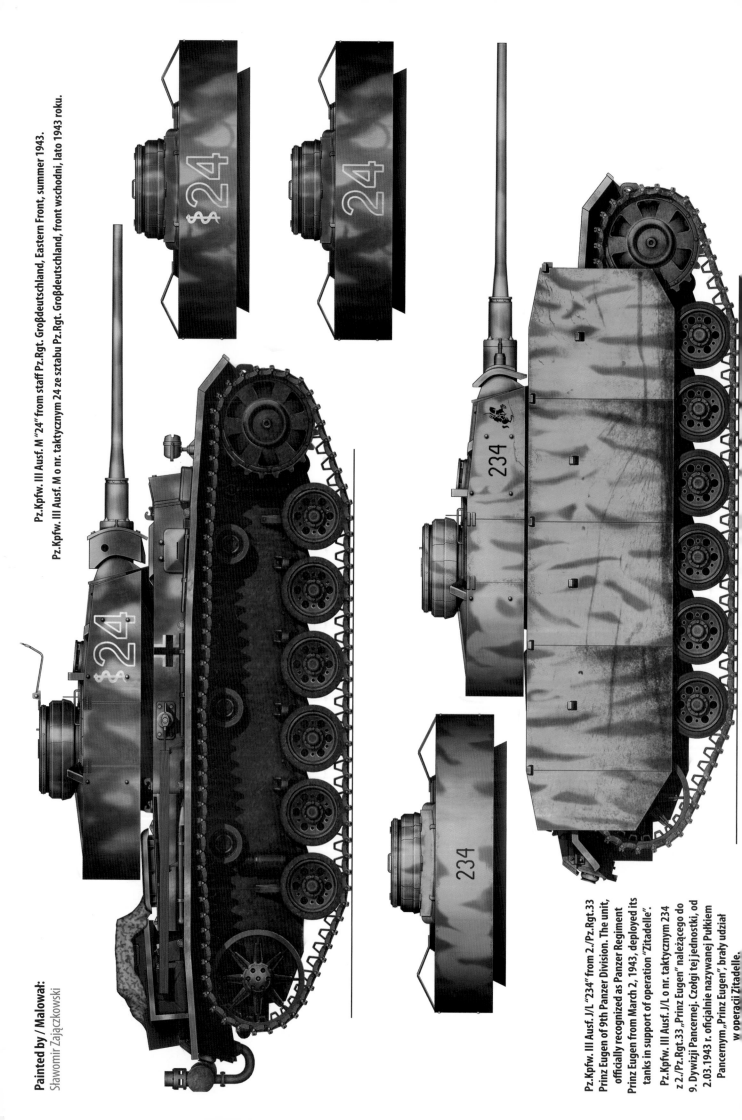

Painted by / Malował:

Sławomir Zajączkowski

Pz.Kpfw. III Ausf. M "24" from staff Pz.Rgt. Großdeutschland, Eastern Front, summer 1943.

Pz.Kpfw. III Ausf. M o nr. taktycznym 24 ze sztabu Pz.Rgt. Großdeutschland, front wschodni, lato 1943 roku.

Pz.Kpfw. III Ausf. J/L "234" from 2./Pz.Rgt.33
Prinz Eugen of 9th Panzer Division. The unit,
officially recognized as Panzer Regiment
Prinz Eugen from March 2, 1943, deployed its
tanks in support of operation "Zitadelle".

Pz.Kpfw. III Ausf. J/L o nr. taktycznym 234
z 2./Pz.Rgt.33 „Prinz Eugen" należącego do
9. Dywizji Pancernej. Czołgi tej jednostki, od
2.03.1943 r. oficjalnie nazywanej Pułkiem
Pancernym „Prinz Eugen", brały udział
w operacji Zitadelle.

Painted by / Malował:
Sławomir Zajączkowski

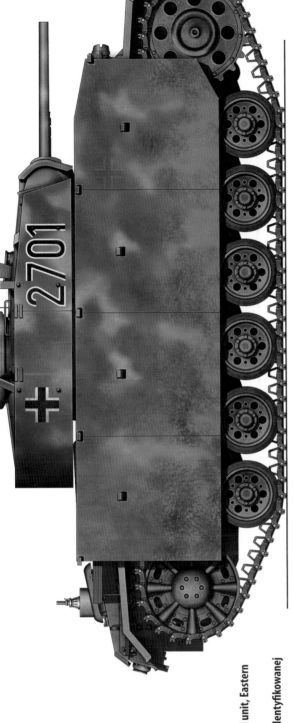

Panzerbeobachtungswagen III Ausf. F/G "2701" from an unidentified unit, Eastern Front, 1944.

Panzerbeobachtungswagen III Ausf. F/G o nr. taktycznym 2701 z niezidentyfikowanej jednostki, front wschodni, 1944 rok.

PzKpfw III Ausf. L Number 111 of the 1st Battalion of the 27th Anti-Tank 19. Div. Panc. 27th anti-tank had two tank battalions: 1st Battalion composed of four companies (1, 2, 3, 4), II battalion with three companies (5, 6, 7). Kursk, July 1943.

PzKpfw III Ausf. L numer 111 z I batalionu 27. ppanc. 19. Dyw. Panc. 27. ppanc. posiadał dwa bataliony czołgów: I batalion w składzie czterech kompanii (1, 2, 3, 4), II batalion w składzie trzech kompanii (5, 6, 7). Kursk, lipiec 1943 roku.

Painted by / Malował:
Stefan Dramiński

StuG III Ausf.B, 3rd Battery, 203rd Assault Guns Brigade. Russia 1941.

StuG III Ausf.B, 3. bateria, 203. Brygada Dział Szturmowych. Rosja 1941 rok.

StuG III Ausf.F, 191st Assault Gun Squadron. Stalingrad, September 1942.

StuG III Ausf.F, 191. Dywizjon Dział Szturmowych. Stalingrad, wrzesień 1942 rok.

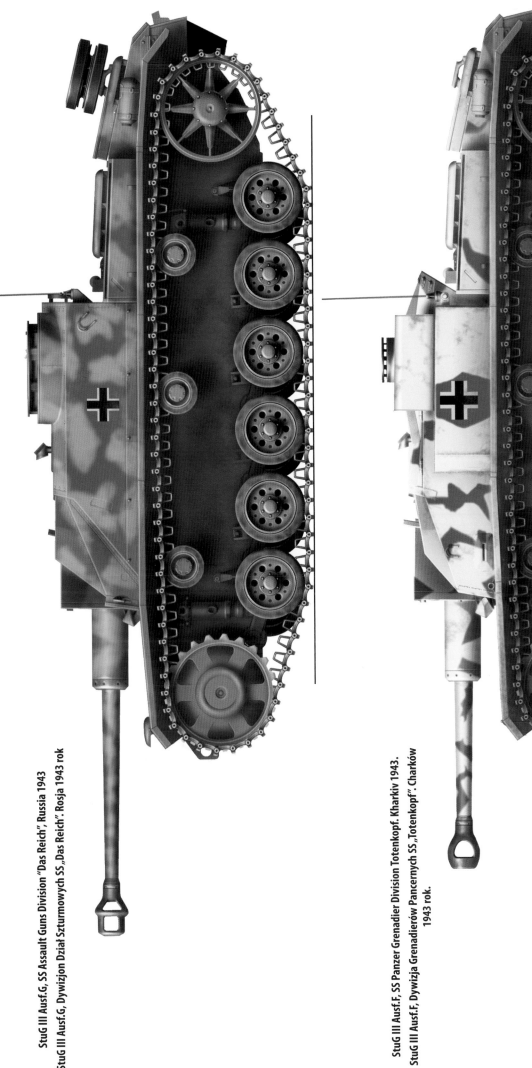

StuG III Ausf.G, SS Assault Guns Division "Das Reich", Russia 1943

StuG III Ausf.G, Dywizjon Dział Szturmowych SS „Das Reich". Rosja 1943 rok

StuG III Ausf.F, SS Panzer Grenadier Division Totenkopf. Kharkiv 1943.

StuG III Ausf.F, Dywizja Grenadierów Pancernych SS „Totenkopf". Charków 1943 rok.

Sturmgeschütz IV, tactical number 22, of an unidentified German unit. Eastern front, Summer 1944.

Sturmgeschütz IV, numer taktyczny 22, niezidentyfikowanej jednostki niemieckiej. Front wschodni, lato 1944 r.

Sturmgeschütz IV of an unknown unit. Eastern front, 1944.

Sturmgeschütz IV nieznanej jednostki. Front wschodni, 1944 r.

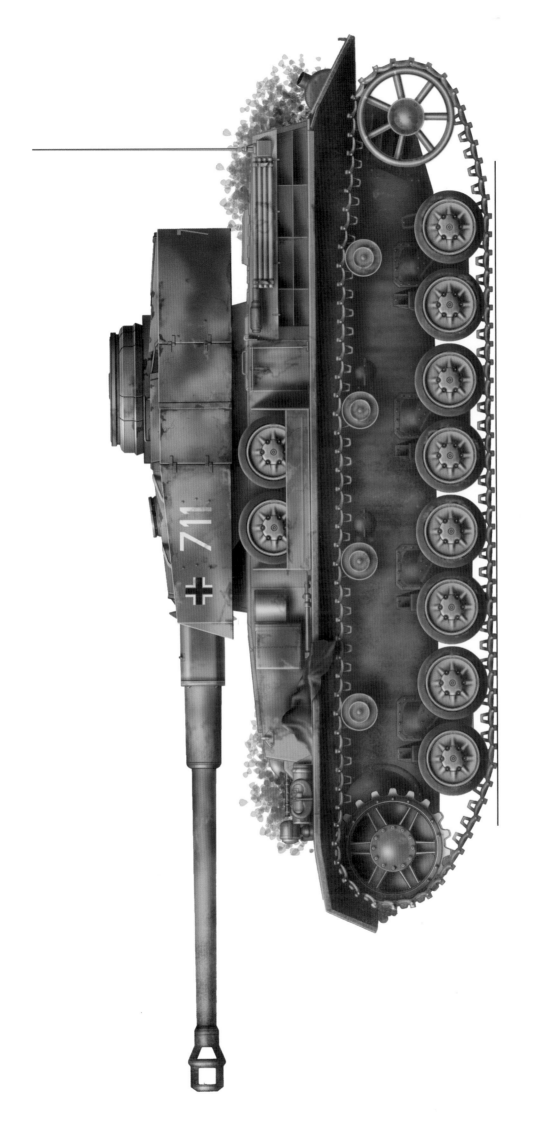

Pz.Kpfw. IV Ausf. J, 35th Armored Regiment, 4th Armored Division. Gdańsk, March 1945.
Pz.Kpfw. IV Ausf. J, 35. Pułk Pancerny, 4. Dywizji Pancernej. Gdańsk, marzec 1945 r.

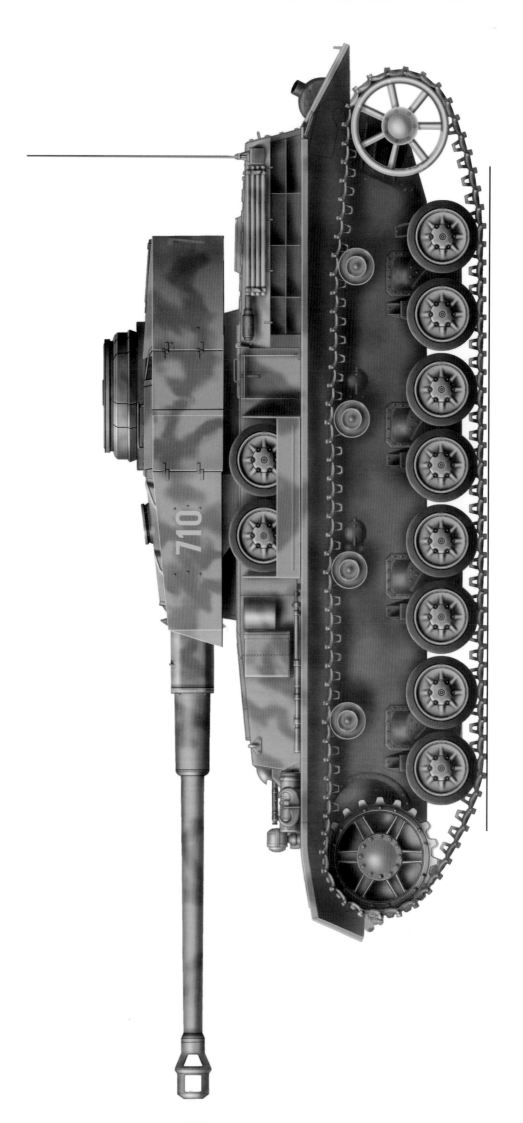

Pz.Kpfw. IV Ausf. H deployed to the 7th Company 2nd Battalion Panzer-Regiment 29 (12. Panzer-Division). Białystok (Poland), July 1944.

Pz.Kpfw. IV Ausf. H został rozmieszczony w 2. Batalionie Pułku Pancernego 29 (12. Dywizja Pancerna) 7. kompanii. Białystok (Polska), lipiec 1944. r.

Painted by / Malował:
Arkadiusz Wróbel

Pz.Kpfw. V Panther Ausf. D, coded "824", of 52nd Panzer Battalion; Kursk, July 1943.
Pz.Kpfw. V Panther Ausf. D numer 824 z 52. bcz w lipcu 1943 roku pod Kurskiem.

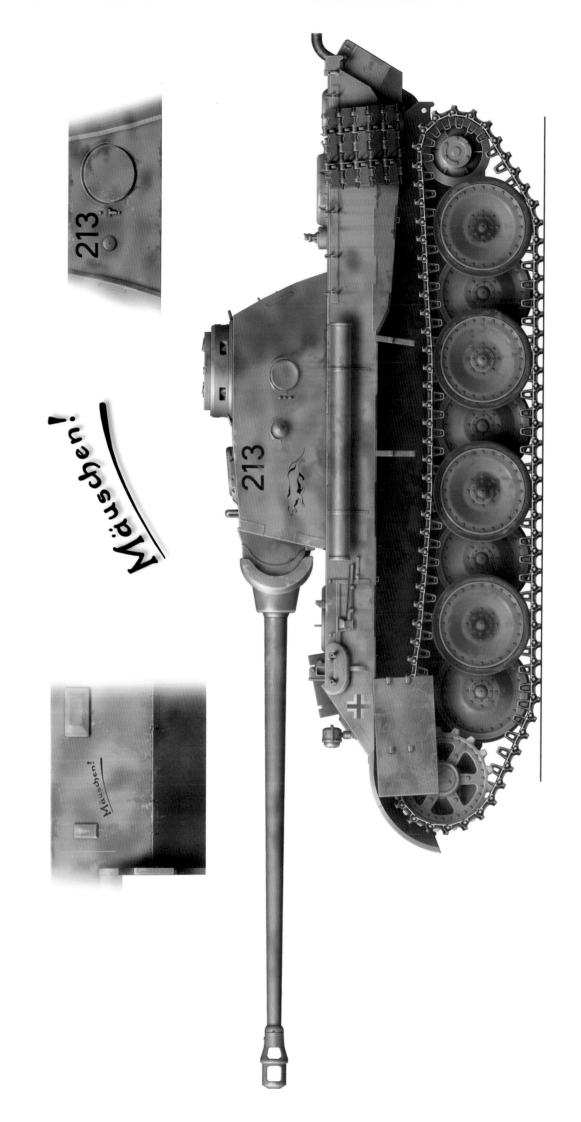

Painted by / Malował:
Arkadiusz Wróbel

Mäuschen!

Pz.Kpfw. V Panther Ausf. D, coded "213" and named "Mäuschen!" of Pz.Abt. 51; south of Dnepropetrovsk, early October 1943.

Pz.Kpfw. V Panther Ausf. D numer 213 o nazwie własnej „Mäuschen!" z 51. BPanc na początku października 1943 r. na południe od Dniepropietrowska.

Pz.Kpfw. V Panther Ausf. A, coded "200", of Hptm. Cramer, I Battalion, 1st Panzer Regiment, 1st Panzer Division; Żytomierz area, November 1943.

Pz.Kpfw. V Panther Ausf. A numer 200 kapitana Cramera z I batalionu 1. ppanc 1. DPanc podczas listopadowych walk pod Żytomierzem w 1943 roku.

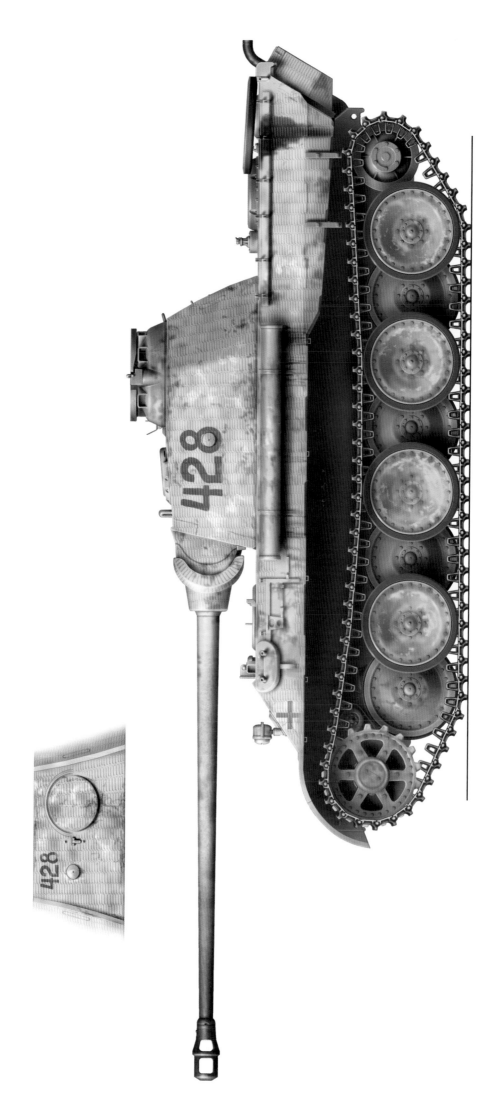

Pz.Kpfw. V Panther Ausf. A, coded "428", z 1st SS Panzer Regiment, 1st SS Panzer Division; Ukraine, January 1944.

Pz.Kpfw. V Panther Ausf. A numer 428 z 1. ppanc SS z 1. DPanc SS w styczniu 1944 roku na Ukrainie.

Painted by / Malował:
Arkadiusz Wróbel

Pz.Kpfw. V Panther Ausf. A, coded "135", of Hptm. von Wilmsdorff's I Battalion, 31st Panzer Regiment, 5th Panzer Division; Belarus, summer 1944.

Pz.Kpfw. V Panther Ausf. A numer 135 z I batalionu kapitana von Wilmsdorffa z 31. ppanc 5. DPanc latem 1944 roku na Białorusi.

Painted by / Malował:
Arkadiusz Wróbel

Pz.Kpfw. V Panther Ausf. A, coded "314", of I Battalion, "Großdeutschland" Panzer Regiment, Panzergrenadier Division "Großdeutschland", Lithuania, summer 1944.

Pz.Kpfw. V Panther Ausf. A numer 314 z I batalionu ppanc DGrenPanc „Großdeutschland" na Litwie latem 1944 roku.

Painted by / Malował:
Arkadiusz Wróbel

Sturer Emil from Panzerjäger-Abteilung 521 with its own name "Max" captured in February 1943 by the Soviet army in the village Alekseevka (Kalacz region near Stalingrad).

Sturer Emil z Panzerjäger-Abteilung 521 o nazwie własnej „Max" zdobyty w lutym 1943 roku przez wojska radzieckie we wsi Aleksiejewka (rejon Kałacza pod Stalingradem).

12,8 cm Panzer Selbstfahrlafette V L / 61 (Pz.Sfl. V) Sturer Emil named "Moritz" of 3./Panzerjäger-Abteilung 559 on the Eastern Front in summer 1943.

12,8 cm Panzer Selbstfahrlafette V L/61 (Pz.Sfl. V) Sturer Emil o nazwie „Moritz" z 3./Panzerjäger-Abteilung 559 na froncie wschodnim latem 1943 roku.

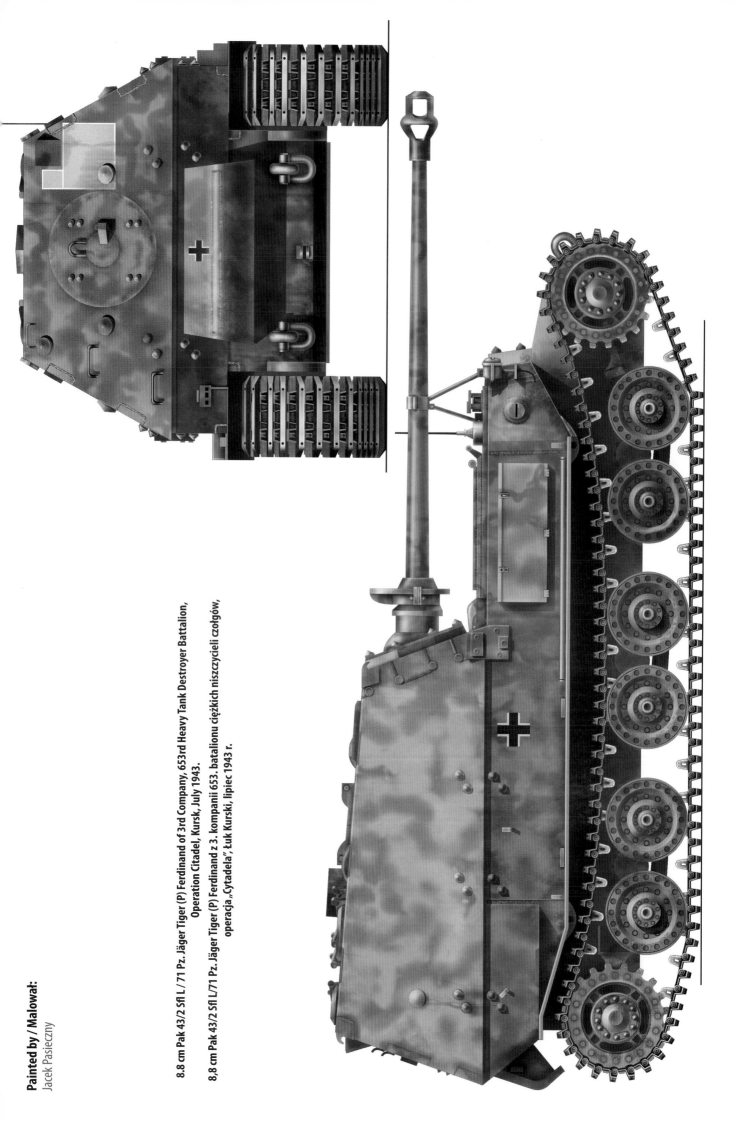

Painted by / Malował:
Jacek Pasieczny

8.8 cm Pak 43/2 Sfl L/71 Pz. Jäger Tiger (P) Ferdinand of 3rd Company, 653rd Heavy Tank Destroyer Battalion, Operation Citadel, Kursk, July 1943.

8,8 cm Pak 43/2 Sfl L/71 Pz. Jäger Tiger (P) Ferdinand z 3. kompanii 653. batalionu ciężkich niszczycieli czołgów, operacja „Cytadela", Łuk Kurski, lipiec 1943 r.

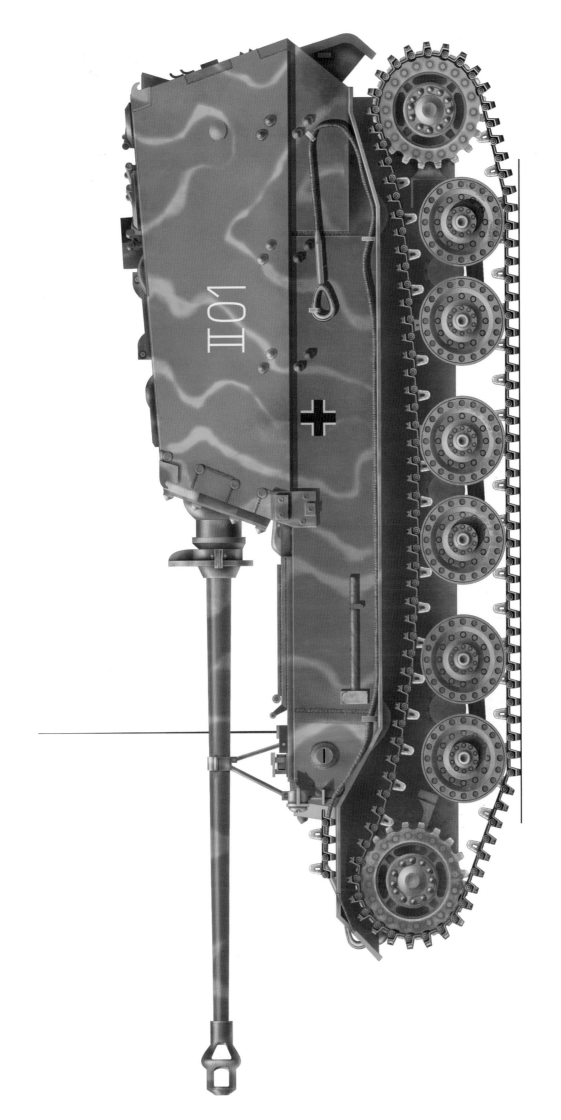

Painted by / Malował:
Jacek Pasieczny

8.8 cm Pak 43/2 Sfl L / 71 Pz. Jäger Tiger (P) Ferdinand numbered II-01 from the post office of the commander of the 654th heavy tank destroyer battalion, Operation Citadel, Kursk, July 1943.

8,8 cm Pak 43/2 Sfl L/71 Pz. Jäger Tiger (P) Ferdinand o numerze II-01 z pocztu dowódcy 654. batalionu ciężkich niszczycieli czołgów, operacja „Cytadela", Łuk Kurski, lipiec 1943 r.

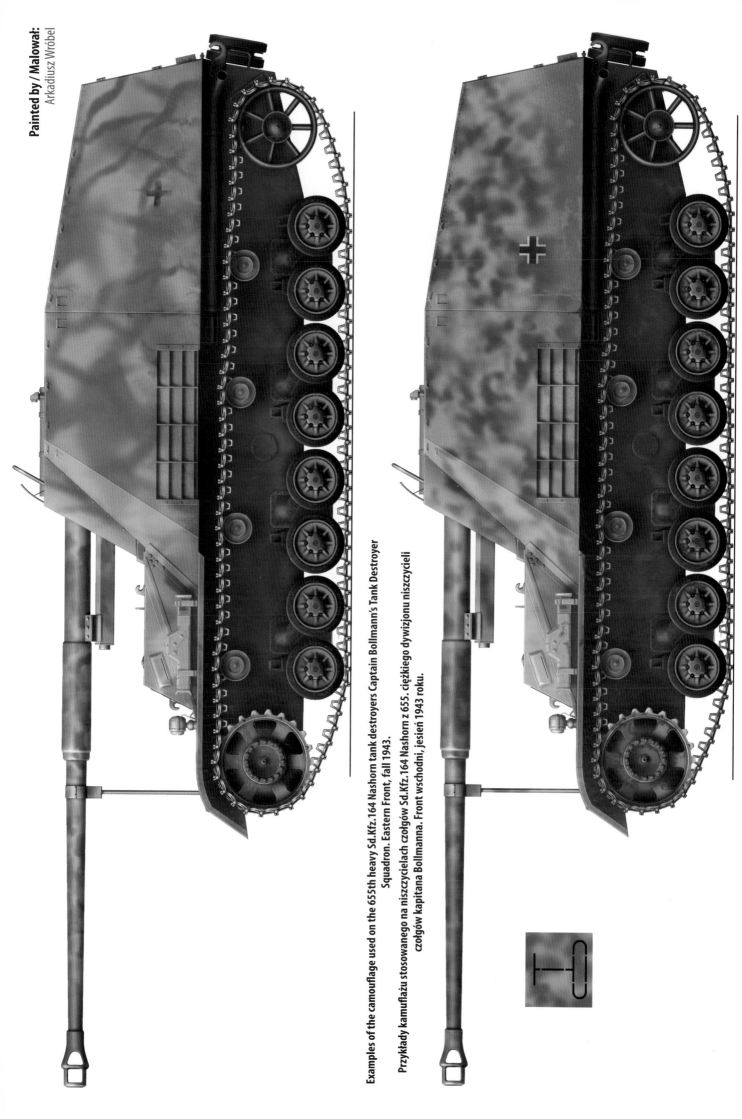

Painted by / Malował:
Arkadiusz Wróbel

Examples of the camouflage used on the 655th heavy Sd.Kfz.164 Nashorn tank destroyers Captain Bollmann's Tank Destroyer Squadron. Eastern Front, fall 1943.

Przykłady kamuflażu stosowanego na niszczycielach czołgów Sd.Kfz.164 Nashorn z 655. ciężkiego dywizjonu niszczycieli czołgów kapitana Bollmanna. Front wschodni, jesień 1943 roku.

KW-2 captured by German troops in 1941 in Belarus. It was painted Dunkelgrau RAL 7021 over the previous Soviet 4BO dark green scheme.

KW-2 zdobyty przez wojska niemieckie w 1941 r. na Białorusi. Kamuflaż to Dunkelgrau RAL 7021 naniesiony na sowiecką ciemnozieloną farbę 4BO.

Painted by / Malował:
Jacek Pasieczny

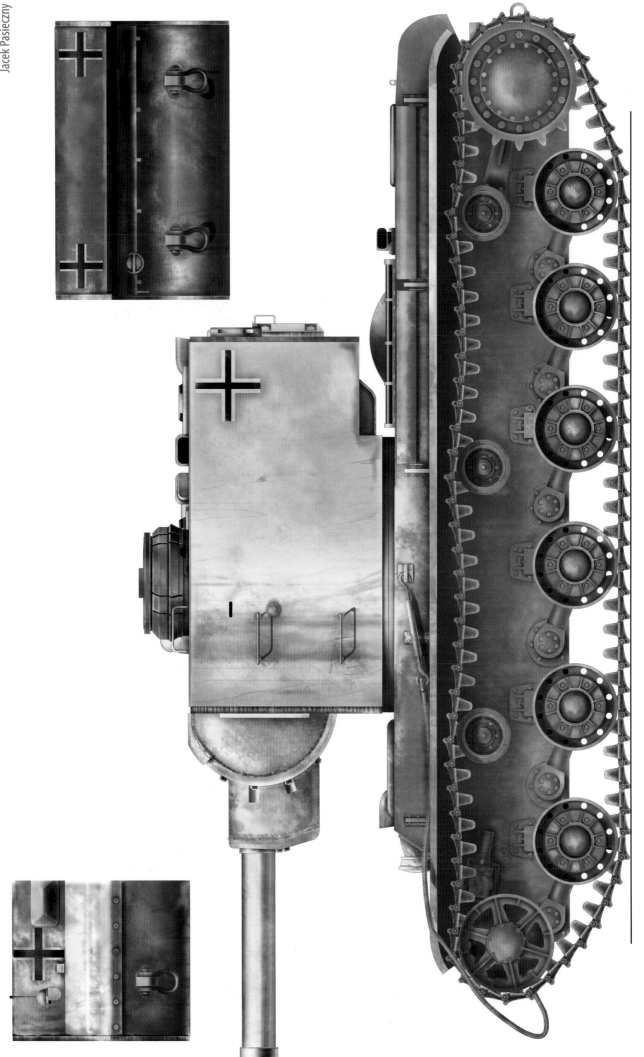

KW-2 probably of the 269th Infantry Division fitted with commander's cupola of a Panzer III or IV. The vehicle was repainted Dunkelgrau RAL 7021 and white washed for the winter.

KW-2 prawdopodobnie z 269. dywizji piechoty z dodaną wieżyczką dowódcy adaptowaną z Panzera III lub IV. Pojazd przemalowany farbą w kolorze Dunkelgrau RAL 7021 i na okres zimy częściowo pokryty zmywalną białą farbą.

Studebaker US-6 nr R-0-28-75 from the 1st Polish Armored Corps. Germany, April 1945.

Studebaker US-6 nr R-0-28-75 z 1. Korpusu Pancernego, Niemcy kwiecień 1945 r.

Studebaker US-6 nr Ż-4-18-97 from the 4th Infantry Division. Lublin, July 1944. The sign on the front fender reads: "Artyleria Bóg Wojny" (artillery – the god of war). Number "Ż-4-18-97" is stenciled on the back.

Studebaker US-6 nr Ż-4-18-97 z 4. Dywizji Piechoty Lublin, lipiec 1944 r. na przednim błotniku napis „Artyleria Bóg Wojny" z tyłu nr Ż-4-18-97.

Painted by / Malował:

Jacek Pasieczny

Painted by / Malował:
Jacek Pasieczny

SU-76M "516" from the 4th Battery, 27th Self-Propelled Artillery Regiment, April 1945.

SU-76M nr 516 z 4. Baterii 27. P.A.S., kwiecień 1945 r.

SU-76M "203" from the 1st Battery, 2nd Self-propelled Artillery Squadron. Chełm, July 1944. Notice serial number on the back: 403062. The vehicle was destroyed during fighting near the town of Laski on the Pomeranian Wall.

SU-76M nr 203 1. Baterii 2. Dywizjonu Artylerii Samobieżnej, Chełm, lipiec 1944 r. (z tyłu nr ser. 403062). Pojazd został spalony 20.02.1945 r. podczas walk o miejscowość Laski na Wale Pomorskim.

A 1941-built heavy tank KW-2 captured by troops of the German 7th Panzer Division in July 1941.

Ciężki czołg KW-2 produkcji 1941 zdobyty przez żołnierzy z 7. dywizji pancernej w lipcu 1941 roku.

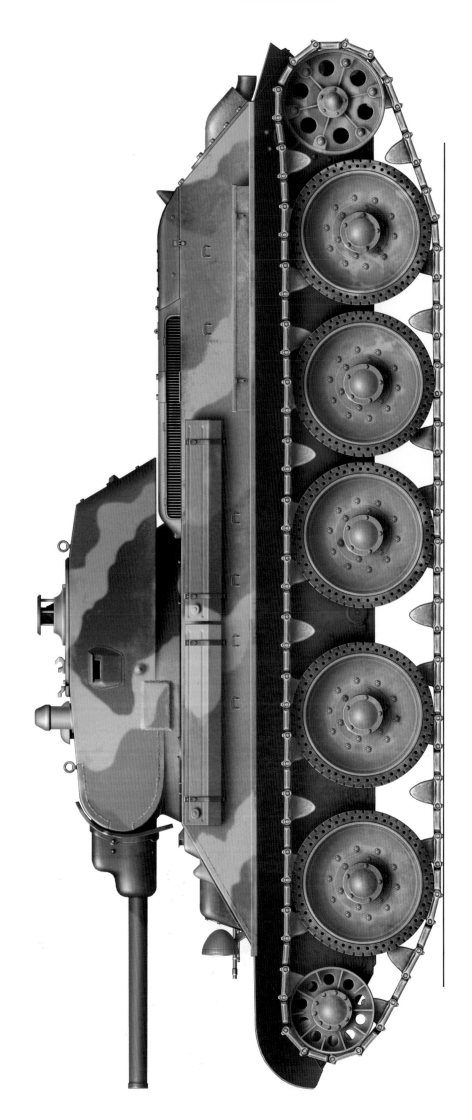

T T34/76, 4th Mechanized Corps South-Western Front 1941.

34/76 , 4. Korpus Zmechanizowany Front Południowo-Zachodni 1941 r.

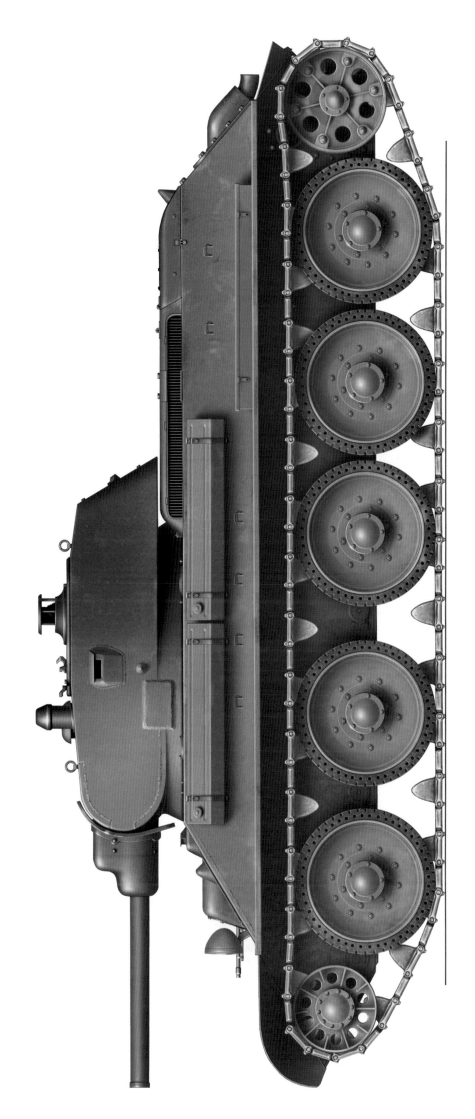

T34/76, Eastern Front 1941.

T34/76, Front Wschodni 1941 r.

T34/76, 2nd Battalion, 1st Armored Brigade Żabin, winter 1945.

T34/76, 2 batalion, 1 Brygada Pancerna Żabin zima 1945 r.

T34/76, 5th Guards Tank Brigade, South-Western Front 1942.
T34/76 , 5. Brygada Pancerna Gwardii, Front Południowo-Zachodni 1942 r.

Painted by / Malował:
Arkadiusz Wróbel

T-35/85. Fictional painting. The story of the RUDY tank is a literary fiction that has been filmed. The propaganda series Czterej Pancerni i pies was a popular film for young people during the PRL. We present the color profile of this tank at the request of modellers who wanted to make a model in this painting. We add a decal to the book, taking into account the painting of the movie heroes.

NOTE - this is a fictional painting.

T-35/85. Malowanie fikcyjne. Historia czołgu „RUDY" jest fikcją literacką, która została zekranizowana. Propagandowy serial Czterej Pancerni i pies był w okresie PRL popularnym filmem dla młodzieży. Sylwetkę tego czołgu zamieszczamy na prośbę modelarzy, którzy chcieli wykonać model w tym malowaniu. Do książki dodajemy kalkomanię uwzględniającą malowanie filmowego bohatera. UWAGA – jest to malowanie fikcyjne.

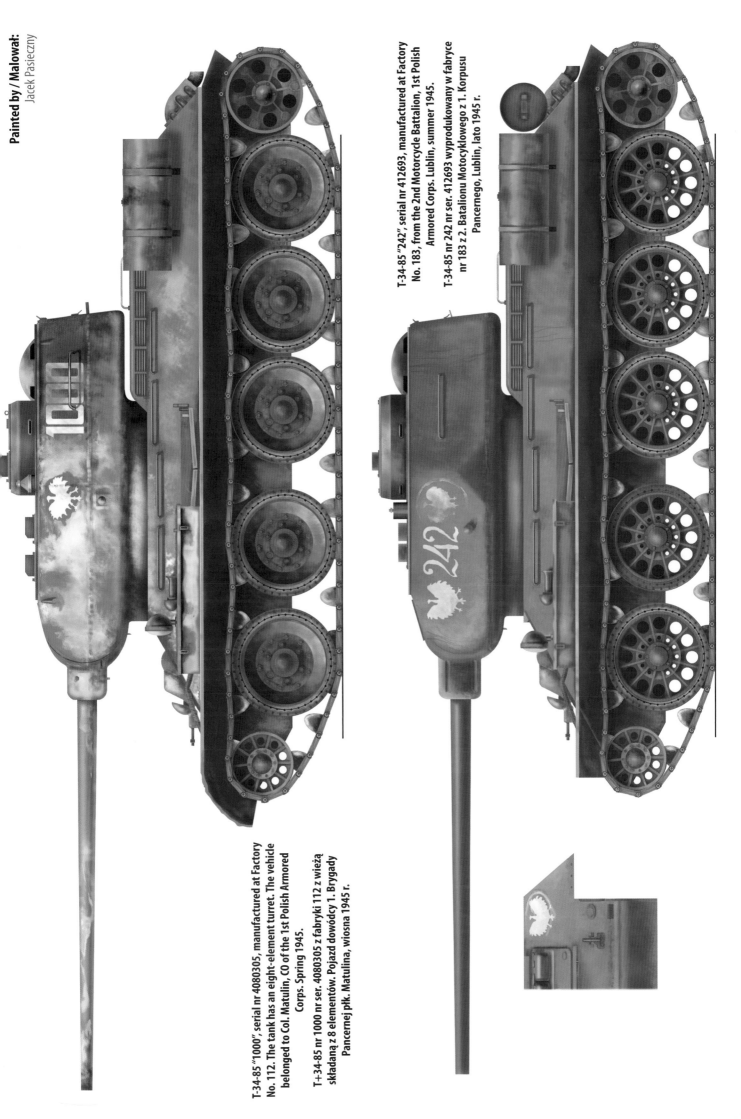

Painted by / Malował:
Jacek Pasieczny

T-34-85 "1000", serial nr 4080305, manufactured at Factory No. 112. The tank has an eight-element turret. The vehicle belonged to Col. Matulin, CO of the 1st Polish Armored Corps. Spring 1945.

T-34-85 nr 1000 nr ser. 4080305 z fabryki 112 z wieżą składaną z 8 elementów. Pojazd dowódcy 1. Brygady Pancernej płk. Matulina, wiosna 1945 r.

T-34-85 "242", serial nr 412693, manufactured at Factory No. 183, from the 2nd Motorcycle Battalion, 1st Polish Armored Corps. Lublin, summer 1945.

T-34-85 nr 242 nr ser. 412693 wyprodukowany w fabryce nr 183 z 2. Batalionu Motocyklowego z 1. Korpusu Pancernego, Lublin, lato 1945 r.

Painted by / Malował:
Jacek Pasieczny

T-34-85 manufactured at Factory No. 112. The tank, featuring D5T gun, belonged to the 119th Tank Regiment. Ukraine, March 1944. Notice the inscription in Armenian that reads David Sasunski.

T-34-85 z fabryki 112 z armatą D5T z 119. Pułku Czołgów, Ukraina, marzec 1944 r. Pojazd posiada napis w języku ormiańskim — „Dawid Sasunski"

T-34-85 made at Factory No. 112. The tank, featuring D5T gun, belonged to the the 38th Regiment. Eastern Front, February 1944. The vehicle was funded by the Russian Orthodox Church and bears the name Dmitry Donskoy in memory of the Russian victory over the Mongols in the Battle of Kulikovo.

T-34-85 z fabryki 112 z armatą D5T z 38. Pułku, Front wschodni, luty 1944 r. Pojazd ufundowany ze składek zebranych przez rosyjską cerkiew i nazwany „Dimitrij Donskoj" na cześć zwycięzcy nad Mongołami na Kulikowym Polu.

T-34-85 equipped with an S53 gun Vladimir
Mayakovsky. The vehicle was manufactured at
Factory No. 112 between April and May 1944.
Berlin, May 1945.

T-34-85 z fabryki 112 z armatą S53 „Władimir
Majakowskij", Berlin, maj 1945 r. Pojazd produkcji
kwiecień – maj 1944 r.

T-34-85 "12" with a D5T gun, manufactured at
Factory No.112. Ukraine, summer 1944.
T-34-85 z fabryki 112 z armatą D5T nr 12. Ukraina,
lato 1944 r.

Painted by / Malował:
Jacek Pasieczny

T-34-85 "2312" with a D5T gun, manufactured at Factory No. 112. The 4th Ukrainian Front, summer 1944.

T-34-85 z fabryki 112 z armatą D5T nr 2312, 4. Front Ukraiński, lato 1944 r.

T-34-85 "24" with a D5T gun manufactured at Factory 112. Eastern Front, summer 1944.

T-34-85 z fabryki 112 z armatą D5T nr 24 UFA, front wschodni, lato 1944 r.

Painted by / Malował:
Jacek Pasieczny

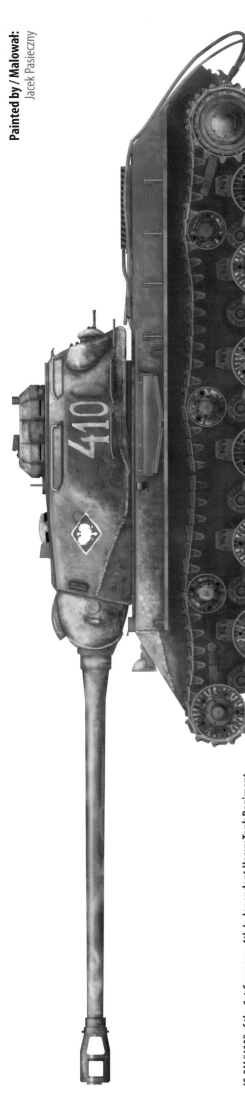

IS-2M "410" of the 1st Company, 4th Independent Heavy Tank Regiment,
1st Polish Army. Pomerania, March 1945.

IS-2m nr 410 z 1. kompanii 4. Samodzielnego Pułku Czołgów Ciężkich
z 1. Armii Wojska Polskiego, Pomorze, marzec 1945 r.

IS-2M "414" of the 1st Company, 4th Independent Heavy Tank Regiment,
1st Polish Army. Western Pomerania, March 1945.

IS-2m nr 414, pojazd z 1. kompanii 4. Samodzielnego Pułku Czołgów
Ciężkich z 1. Armii Wojska Polskiego. Pomorze Zachodnie, marzec 1945 r.

Painted by / Malował:
Jacek Pasieczny

IS-2M "424" of the 2nd Company, 4th Independent Heavy Tank Regiment, 1st Polish Army. Germany, April 1945.

IS-2m nr 424, pojazd z 2. kompanii 4. Samodzielnego Pułku Czołgów Ciężkich z 1. Armii Wojska Polskiego. Niemcy, kwiecień 1945 r.

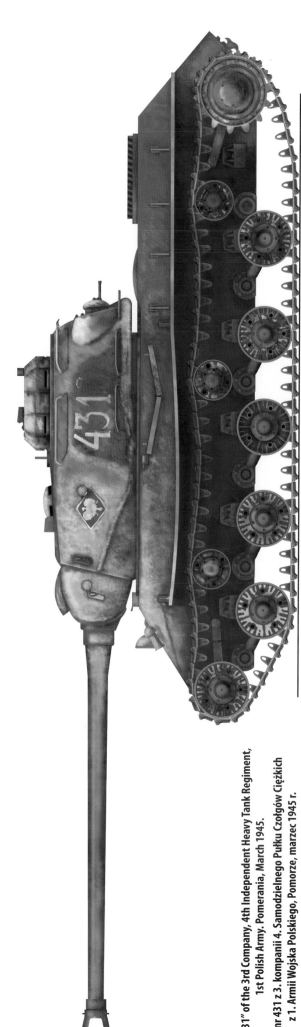

IS-2M "431" of the 3rd Company, 4th Independent Heavy Tank Regiment, 1st Polish Army. Pomerania, March 1945.

IS-2m nr 431 z 3. kompanii 4. Samodzielnego Pułku Czołgów Ciężkich z 1. Armii Wojska Polskiego, Pomorze, marzec 1945 r.

Painted by / Malował:
Jacek Pasieczny

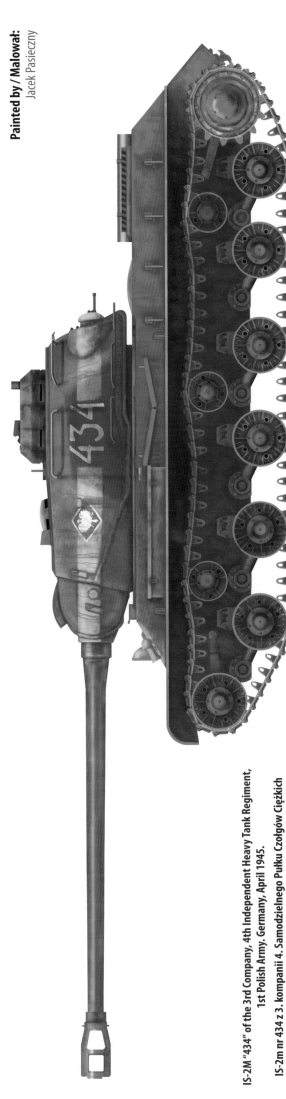

IS-2M "434" of the 3rd Company, 4th Independent Heavy Tank Regiment,
1st Polish Army. Germany, April 1945.

IS-2m nr 434 z 3. kompanii 4. Samodzielnego Pułku Czołgów Ciężkich
z 1. Armii Wojska Polskiego, Niemcy, kwiecień 1945 r.

ISU-122 "703", a self-propelled gun of the 1st Battery, 25th Self-Propelled
Artillery Regiment, 1st Armored Corps. This camouflage scheme was used
when the vehicle was crossing the Neisse River on April 16, 1945.

ISU-122 nr 703, działo samobieżne z 1. Baterii 25. Pułku Artylerii
Samobieżnej z 1. Korpusu Pancernego. Malowanie przedstawia pojazd
z 16 kwietnia 1945 r. podczas przeprawy przez Nysę.

Painted by / Malował:
Jacek Pasieczny

ISU-122 "710", a self-propelled gun of the 25th Self-Propelled Artillery Regiment, 1st Polish Armored Corps, serial number 40975. The vehicle was damaged when it hit a mine during operations near Prague in May, 1945.

ISU-122 nr 710, działo samobieżne z 25. Pułku Artylerii Samobieżnej z 1. Korpusu Pancernego, nr seryjny 40975. Działo zostało uszkodzone prawdopodobnie na minie podczas walk o czeską Pragę, maj 1945 r.

ISU-122 "721", a self-propelled gun of the 25th Self-Propelled Artillery Regiment, 1st Polish Armored Corps. Camouflage scheme representative of the Neisse River crossing on April 16, 1945.

ISU-122 nr 721, działo samobieżne z 25. Pułku Artylerii Samobieżnej z 1. Korpusu Pancernego, malowanie z 16 kwietnia 1945 r. podczas przeprawy przez Nysę.

ISU-152 of the 3rd Battery, 13th Self-Propelled Artillery Regiment, 1st Polish Army. Germany, April 1945.

ISU-152 z 3. baterii 13. Pułku Artylerii Samobieżnej z 1. Armii Wojska Polskiego, Niemcy, kwiecień 1945 r.

ISU-152 "65" from the 338th Guards Heavy Self-Propelled Artillery Regiment. Königsberg, April 1945.

ISU-152 nr 65 z 338. Gwardyjskiego Pułku Ciężkiej Samobieżnej Artylerii, Królewiec, kwiecień 1945 r.

SU-85 "L-05". This vehicle was manufactured in 1944. Eastern Front, Ukraine, 1944.

SU-85 nr L-05 pojazd wyprodukowany w 1944 r. Front wschodni wiosna Ukraina 1944 r.

SU-85M from the 24th Self-Propelled Artillery Regiment, 1st Polish Armored Corps. Germany, April 1945.

SU-85M nr 612 z 24. Pułku Artylerii Samobieżnej